Der Harz

Das nördlichste Mittelgebirge in Deutschland ist der Harz. Der Name kommt vom uralten Wort „Hart" und bedeutet „Bergwald". Zwischen den Städten Goslar (Niedersachsen), Wernigerode (Sachsen-Anhalt) und Nordhausen (Thüringen) erstrecken sich die Bergketten, Täler und Hochebenen des Harzes. Der höchste Berg ist der Brocken, dessen Gipfel 1141 Meter hoch ist.
In alter Zeit stellten die Köhler aus dem Holz des Bergwaldes Holzkohle her, die man für den Eisen- und Silberbergbau brauchte. Sie fällten dafür so viele Bäume, dass vor dreihundert Jahren im Harz fast kein Baum mehr stand. Heute gibt es wieder ausgedehnte Fichten- und Buchenwälder und ein Teil des Harzes ist ein Nationalpark, in dem der Mensch nicht mehr in den Kreislauf der Natur eingreifen darf. Es sind hier über 5000 verschiedene Tierarten zu Hause, unter ihnen auch der Luchs. Das ist etwas Besonderes, denn vor 200 Jahren wurde diese wild lebende Katzenart im Harz ausgerottet.
Berühmt ist der Harz auch für seine Mythen und Geschichten aus uralter Zeit. So erzählt eine Sage, dass sich in der Walpurgisnacht, das ist die Nacht vom 30. April zum 1. Mai, alle erwachsenen Hexen, Hexer und Zauberer auf dem Brocken versammeln, um dort ein großes Fest zu feiern. Hexenkinder haben da aber nichts zu suchen.

Verlag MARVIN

Faya und Welo
beim Zwergenkönig Hübich

Sagen und Märchen für Kinder
neu erzählt von Jürgen Will

Umwelthinweis:
Dieses Buch wurde auf chlor- und säurefreiem Papier gedruckt.

ISBN: 978-3-940547-20-0

Autor: Jürgen Will
Co-Autoren: Thomas Gallmüller, Pittkunings, Jörg Hampel
Lektorat: Katja Rasmus
Illustrationen: Annette Ackermann
Layout: Roland Bach
Druck: Harzdruckerei GmbH (38855 Wernigerode)

© 2018 Verlag MARVIN

www.verlag-marvin.de

Inhalt

Faya und Welo beim Zwergenkönig Hübich

Die Hexenkinder Faya und Welo aus dem Harz waren oft unterwegs, um Freunde zu besuchen, gerade neulich die Lutki im Spreewald. Nun hatten sie eine Einladung zum Geburtstag bekommen. Das Geburtstagskind war nicht irgendwer, sondern der Zwergenkönig Hübich. Wie aufregend! Der Zwergenkönig wohnte in einer Höhle am Hübichstein, nicht weit weg von der Ortschaft Bad Grund. Überall in der Gegend war er für seine Freundlichkeit und Hilfsbereitschaft bekannt. Nur wenn sich Menschen seinem Zuhause näherten, konnte Hübich sehr unfreundlich werden. Aber darum sorgten sich Faya und Welo nicht, denn sie waren ja Hexenkinder. Außerdem waren ihre Eltern seit langer, langer Zeit mit dem Zwergenkönig befreundet. Sie waren sogar so gut befreundet, dass Hübich für die Kinder die Namen auswählen durfte. Er hatte die Namen seiner Lieblingsminerale abgekürzt und diese den Kindern gegeben. Faya benannte er nach dem Mineral Fayalith und ihren Bruder Welo nach dem Mineral Weloganit.

Den wievielten Geburtstag der Zwergenkönig Hübich eigentlich feiern wollte, wusste niemand. Er war so alt, dass er irgendwann selber aufgehört hatte zu zählen, und Standesämter gibt es bei den Zwergen nicht. Aber sein Gesicht war vor lauter Falten ganz runzlig und sein grauer, spitzer Bart reichte ihm bis zum Bauch. Sogar seine Haare fühlten sich rau an und wenn er vom Stuhl aufstand, knackten seine Knochen. Manchmal stöhnte er dabei. Also musste Hübich schon sehr alt sein.

Die Hexenkinder freuten sich mächtig auf die Geburtstagsfeier, denn es würde nicht nur Cremetorte und Kakao geben, sondern der Zwergenkönig kannte, wie viele alte Leute, tausende Sagen, Märchen und Geschichten aus seiner und ihrer Heimat, dem Harz. Und er konnte wunderbar erzählen.

Als Geburtstagsgeschenk nahmen Faya und Welo einen Hexentrunk mit, den ihre Eltern gebraut hatten und der gegen Knochenknacken sehr gut half.

Was die beiden aber nicht wussten: Ihre Eltern hatten einen Luchs beauftragt, sie sicher bis zum Hübichstein zu begleiten und auch auf dem Heimweg auf sie aufzupassen. Wenn Harzer Hexen und Hexer verreisen, fliegen sie normalerweise mit ihren Besen ins Hexenportal und das bringt sie dann in Nullkommanichts sicher ans Ziel. Aber der Hübichstein war vom Hexenhaus aus zu Fuß in einer halben Stunde zu erreichen. Faya und Welo würden also zur Höhle des Zwergenkönigs wandern. Der Luchs würde sie begleiten und sich um sie kümmern, falls sie unterwegs Hilfe bräuchten. Er sollte sich dabei aber keinesfalls von den Hexenkindern sehen lassen, denn alle Hexeneltern wissen, dass es ihre Kinder ärgert, wenn Mutti und Vati sie für Babys halten, die noch nicht mal ein Stück allein durch den Wald gehen können. Der Luchs würde seine Aufgabe gut erfüllen, denn wie alle Jäger konnte er fast geräuschlos auftreten und sich sehr gut verstecken. Außerdem fürchtet ein Luchs nichts und niemanden. Die großen Katzen können über einen Meter lang und über zwanzig Kilogramm schwer werden, damit ist der Luchs eines der größten Raubtiere Europas. Eine Maus hört ein Luchs aus fünfzig Metern Entfernung und er kann dreihundert Meter weit sehen.

Faya und Welo sagten also ihren Eltern 'Auf Wiedersehen', wanderten los und kamen nach einer halben Stunde gut gelaunt am Hübichstein an. Der Luchs, der ihnen heimlich gefolgt war, versteckte sich blitzschnell im Gebüsch neben dem Höhleneingang.

Hübich freute sich sehr, dass die Hexenkinder ihn besuchen kamen, und führte sie in seine Höhle, wo er den Geburtstagstisch schon festlich gedeckt hatte. Um den Tisch herum saßen bereits einige andere Hexen- und Zwergenkinder, auf dem Tisch stand ein Kerzenleuchter und an den Wänden waren Fackeln angebracht. Klar, eine Höhle hat kein Fenster und zum Hübichstein führt keine Stromleitung, also musste die Höhle mit Kerzen und Fackeln beleuchtet werden. Mit den besten Wünschen für Gesundheit und ein langes Leben überreichten Faya und Welo dem Zwergenkönig sein Geburtstagsgeschenk. Vor lauter Rührung musste er dabei ein bisschen weinen. Dann gab es erstmal Cremetorte und Kakao und als alle rundum satt waren, baten die Kinder den Zwergenkönig um Geschichten aus dem Harz. Der ließ sich nicht lange bitten und begann zu erzählen.

Zwergenkönig Hübich

Bergleute aus Bad Grund saßen einmal in einer Schenke beisammen. Da zog einer von ihnen einen Tannenzapfen aus purem Silber aus der Tasche. „Ja, ja, da schaut ihr! Dieser Tannenzapfen ist ein Andenken an meine Ururgroßmutter, die ihn einst vom Zwergenkönig Hübich geschenkt bekam." „Vom Zwergenkönig Hübich? Wie soll das denn passiert sein?", fragten die Bergleute. „So hört die Geschichte! Meine Ururgroßmutter, sie hieß Käthe, war eine arme Frau. Ihr Mann war im Bergwerk verunglückt und so musste sie die Kinder allein ernähren. Als einmal kein Brot mehr im Hause war, machte sie sich auf in den Wald, um Tannenzapfen zu sammeln. Diese wollte sie dem Bäcker bringen und der würde ihr sicher ein Brot dafür geben. Aber wo sie auch suchte, der Wald schien wie leer gefegt. Verzweifelt setzte sie sich auf einen alten Baumstumpen und weinte bitterlich. Da stand plötzlich ein altes Männlein neben ihr, das hatte raue Haare wie ein Bär und einen langen spitzen Bart. 'Warum weinst du?', fragte das Männlein und Frau Käthe erzählte ihm von ihren Sorgen, die sie bedrückten. 'So, so ...', kicherte das Männlein. 'Du suchst Tannenzapfen und kannst keine finden? Geh nur zum Hübichstein, dort findest du Tannenzapfen in Hülle und Fülle!' Kaum hatte er das gesagt, war er auch schon spurlos verschwunden. Meine Ururgroßmutter ging also wie angeraten zum Hübichstein. Aber sie fand auch hier keinen Tannenzapfen. Schon fing sie wieder an zu weinen, als plötzlich die Bäume wie von Geisterhand kräftig geschüttelt wurden. Tannenzapfen prasselten herunter und fielen geradewegs in ihre Kiepe, bis sie voll war. Unterwegs wurde die Kiepe immer schwerer und als sie zu Hause ankam, waren alle Zapfen aus purem Silber. Nun hatte sie keine Not mehr."

Der Ritter und die Waldelfen

Früher lag am Nordrande des Harzes ein großer See, in dem Nixen hausten. Und an den Ufern des Sees sowie in den umliegenden Wäldern wohnten einst Waldgeister, Elfen und Feen. Jeder Baum beherbergte eine Waldelfe. Als der See trocken gelegt und die Bäume gefällt wurden, verschwanden all diese guten Wesen spurlos. Eines Tages bekam ein Ritter als Lohn von seinem Kaiser ein Stück Land am Harzfluss Bode. Um Felder anzulegen, fällte er viele Bäume. Nur drei waren noch verblieben, da überfiel ihn mitten am Tage die Müdigkeit. So legte er sich im Schatten der Bäume nieder und schlief ein. Als er spät in der Nacht aufwachte, sah er drei Waldelfen in den Bäumen sitzen. Sie klagten, dass sie sterben müssten, wenn der Ritter nun auch die letzten drei Lebensbäume abhacke. „Wenn er doch die Bäume stehen ließe, damit wir am Leben bleiben, dann würden wir ihm unsichtbar dabei helfen, sein Land zu bebauen, und ihm Glück und Segen bringen." Da sprang der Ritter auf und sprach: „Bei meinem Schwerte, ich werde euch schützen!" Er wusste zwar nicht recht, ob er nur geträumt hatte, doch er ließ die letzten drei Bäume zur Sicherheit lieber stehen. Und so geschah es, wie die Elfen auf den Bäumen es ihm im Traume versprochen. Von seinen Feldern konnte er stets überreichlich ernten und es ging ihm immer gut. Als er schließlich sehr alt geworden war und nach einem sorgenfreien Leben im Sterben lag, trug er seinen Söhnen auf, die drei Bäume um jeden Preis zu schützen. Dies taten sie denn auch und konnten ebenfalls mehr von den Feldern ernten, als sie selbst zu essen vermochten.

Die Sage vom Brocken

Wenn zum Ende des Monats April die lauen Winde die Reste des Winters hinwegfegen, bevor der liebliche Monat Mai den Frühling ins Land bringt, dann, in der Nacht vom 30. April zum 1. Mai, ist „Walpurgisnacht"!

Das ist die Nacht der Nächte für alle Hexen, ob jung oder alt, ob schön oder hässlich. Sie reiben sich von oben bis unten mit Hexensalbe ein und werden federleicht. Dann fliegen sie mit Hilfe eines kleinen Sprüchleins zum Blocksberg, dem Brocken.

„Es trägt der Besen, es trägt der Stock,
die Gabel trägt, es trägt der Ziegenbock."

Von nah und fern kommen Hexen und Zauberer in Scharen herbei. Die Kuppe des Brockens ist ihr Ziel. Herr Urian, ihr Herr und Meister, der Teufel, erwartet sie schon. Er steht auf der Teufelskanzel und begrüßt sie mit schmeichelnden Worten. Dann werden Feuer entzündet und teuflische Musikanten geigen und flöten die reizendsten Melodien. Herr Urian hat schon für Stärkung gesorgt. Auf dem Hexenaltar glüht der Krötenkessel mit der schäumenden Höllenbrühe und in dem Hexenbrunnen perlt der glühende Feuerwein. Im wilden Rausch hüpfen die Füße der Tänzerinnen. Sie springen über die züngelnden Flammen der Feuer und tanzen, bis sie erschöpft zu Boden sinken. Wenn der Festschmaus beendet ist, eilen die Hexen zum Teufels-Waschbecken, säubern sich und empfangen von ihrem Herrn, dem Höllenfürsten, einen Handkuss als Zeichen der Verehrung. Dann verteilt der Teufel Höllenorden an besonders erfolgreiche Hexen und Zauberer und fleißige junge Hexen kennzeichnet er mit dem Teufelsmal.

Wenn das Krähen der Hähne vom nahenden Morgen kündet, verschwindet die ganze Gesellschaft genauso pfeilschnell, wie sie gekommen ist. Und bald ist jede Spur des höllischen Festes verschwunden.

Der Saal im Petersberge

Zu einer Zeit, als die Grundmauern des Peterstiftes – einer ehemaligen Königshalle – noch nicht wieder freigelegt waren, spielte einmal ein Kind aus Goslar auf der berühmten Stätte auf dem Petersberge. Da sah es eine wunderschöne Blume und pflückte sie. Plötzlich öffnete sich vor ihm der Berg. Das Kind ging eine lange und breite Treppe hinunter und kam in einen großen, wunderschönen Saal. Dort saßen viele hohe Herren an einer langen Tafel. Jeder von ihnen hatte eine Krone auf dem Haupte und sie speisten von Geschirr aus Gold und Silber und tranken aus kostbaren Kristallgläsern. Alle Kaiser, die jemals in der Kaiserpfalz zu Goslar gewohnt hatten, waren hier versammelt.

Einer von ihnen schenkte dem Kind einen silbernen Teller. Das bedankte sich und überaus glücklich über sein Geschenk ging es wieder nach oben und verließ den Berg. Zu Hause angekommen, erzählte es alles seinen Eltern. Da gingen auch die Eltern des Kindes zum Petersberge, aber so sehr sie auch suchten, sie fanden weder die Wunderblume noch den Eingang zu dem verborgenen Saal.

Im Reich
der Brockenkönigin

An einem herrlichen Tag im Spätsommer ging König Ilsung von der Ilsenburg auf die Jagd Richtung Brocken. Ihn begleiteten seine Tochter, die anmutige Prinzessin Ilse, und ihr Verlobter, der Ritter Rolf. Bis spät am Abend jagten sie nach Rehwild, Hirsch, Wildschwein und Hase. Erst als die Dunkelheit hereinbrach und die kühle Abendluft sich über die Täler senkte, begaben sie sich auf den Heimweg. Doch es war inzwischen dunkle Nacht und sie konnten den rechten Weg nicht finden. So sprach König Ilsung zu seiner Tochter: „Mein Kind, steig vom Pferd und ruhe ein wenig aus, Ritter Rolf und ich werden nach dem rechten Weg suchen."

Sie ritten los und Prinzessin Ilse blieb allein zurück. Es war so dunkel, dass man nicht einmal die Hand vor Augen sehen konnte. Ein leichter Nachtwind rauschte durch den Wald und ab und zu ließ eine Eule ihren schaurigen Ruf erklingen. Ängstlich setzte sich Ilse auf einen alten Baumstumpf. Plötzlich war ihr, als ob sie leise Stimmen hörte. Als sie sich umsah, bemerkte sie einen schwachen Lichtschein. Sie nahm ihren ganzen Mut zusammen und ging darauf zu. Aus einer Höhle, die in eine schroffe Felswand führte, kam ihr eine große, prächtig gekleidete Frau entgegen und sprach: „Fürchte dich nicht, gutes Kind! Ich bin die Brockenkönigin. Folge mir in mein Schloss." Sie schritten durch lange Gänge und gelangten in einen gewaltigen Palast. Prinzessin Ilse war sprachlos, denn überall glitzerten Kristalle und Edelsteine. So etwas hatte sie noch nie gesehen. Die Brockenkönigin zeigte ihr viele Kostbarkeiten und redete ihr freundlich zu, sodass Ilse bei ihr bleiben wollte. Es gab viel zu sehen und zu erleben, denn die Brockenkönigin hatte auch die Macht über Zwerge, Riesen, Kobolde und Erdgeister. Aber irgendwann bekam die Prinzessin doch Heimweh und bat die Königin, sie wieder ans Tageslicht zu führen. Diese erfüllte ihren Wunsch, nahm Prinzessin Ilse aber das Versprechen ab, niemanden von dem unterirdischen Palast zu erzählen.

Voller Freude eilte Ilse durch den Wald und die Königin schritt unsichtbar neben ihr her und führte sie bald zu ihrem Geliebten zurück. Ein volles Jahr war sie in der Unterwelt gewesen; täglich hatte Ritter Rolf sie im Walde gesucht und ihretwegen in großer Trauer gelebt. Nun beschwor er sie bei seiner Liebe, ihm zu sagen, wo sie so lange gewesen war. Da vergaß sie die Worte der Königin und begann zu erzählen. Sie plauderte von der Brockenkönigin, von den Kobolden, Zwergen und Berggeistern, von den riesig großen Kristallen und kostbaren Edelsteinen. Bei ihrer munteren Plauderei achtete niemand auf die Zeit, sodass die Nacht hereinbrach, die den Ritter an Ilses Seite müde werden und einschlafen ließ. Als er am Morgen erwachte, war er allein. Er hörte wohl das Plaudern seiner Geliebten, sah sie aber nicht mehr. Nur ein munterer Bach plätscherte ins Tal, rauschte und plauderte vom unterirdischen Reich, von Geistern, den Zwergen und Kobolden.

Das Zwergenvolk von der Heidemühle

V or sehr langer Zeit lebte in Wernigerode tief unter der alten Heidemühle in einem riesigen Labyrinth von Gängen und Höhlen ein großes Zwergenvolk.

Die Menschen waren froh, dass die Zwerge mitten unter ihnen wohnten, denn wenn jemand in Not geriet, halfen sie ihm. Hatte man eine große Feier und das Geschirr reichte nicht, konnte man sich bei ihnen feines Silbergeschirr ausleihen. Als Dank dafür bekamen sie etwas von den Festspeisen darin zurück.

Eines Tages bat auch der Graf von der Harburg die Zwerge um Geschirr, da sein Sohn Hochzeit feiern wollte und man ungewöhnlich viele Gäste erwartete. Natürlich erfüllten die Zwerge die Bitte des Grafen. Nach der Feier sollte Pruttam, ein Knappe des Grafen, das Geschirr mit danksagenden Köstlichkeiten an die hilfsbereiten Zwerge zurückschicken. Pruttam aber war ein streitsüchtiger, boshafter Mensch, der das Geschirr statt mit feinsten Speisen nur mit Unrat zurücksandte. Die Zwerge waren schrecklich empört über so viel Bosheit und verfolgten und peinigten die Diener, die das Geschirr gebracht hatten, wo sie nur konnten. Diese wiederum rächten sich dafür. Eines Abends lauerten die Diener den Zwergen in der Mühle auf und fielen über sie her. Die Zwerge aber waren sehr flink und entkamen durch eine geheime Falltür. Nur ihr Anführer, der kleine dicke Trultram, fiel den Dienern in die Hände. Aber das genügte ihnen nicht, sie wollten alle Zwerge in ihrer Gewalt haben. So ließen sie Wasser in die Zwergenhöhle laufen, bis die Zwerge sich ergaben. Dann schaffte man sie mit drei Pferdewagen auf die Harburg in den Kerker. Hier mussten die Zwerge viele Tage in einem dunklen Verlies bleiben, bis eines Tages der Graf davon hörte und Befehl gab, sie sofort freizulassen. Stattdessen kamen alle, die an den Boshaftigkeiten gegen die Zwerge beteiligt waren, selbst in den Kerker. Trotzdem zogen nach diesem Vorfall fast alle Zwerge fort von Wernigerode und nur selten ließen sich noch einige von ihnen in der Stadt blicken.

Die Moosweiblein

Tief im Wald bei Wildemann, einer alten Bergstadt im Oberharz, wohnten einst die Moosweiblein. Das waren liebevolle und hilfsbereite kleine Geschöpfe mit Füßen, wie sie auch Gänse haben. Sie lebten in ihrer Mooshütte und sogar die Kleider, die Röcklein und Mützchen waren aus Moos geflochten.

Eines Tages klopfte ein kleiner Junge an ihre Tür und bat sie um Hilfe. Weinend erzählte er, dass seine Mutter lange krank gewesen sei und nicht arbeiten konnte und sie deshalb kein Geld mehr hätten, um sich etwas zu essen zu kaufen. Die Mutter sei schon ganz dünn und schwach geworden.

Ein Moosweiblein führte ihn hinter das Haus in einen Garten und sprach: „Hacke das Gärtchen um, und jedes Mal, wenn es klirr macht, bücke dich! Sprich aber kein Wort bei der Arbeit!"

Sofort fing der Junge an, den Garten zu hacken. Schon beim ersten Hieb machte es „klirr". Als er sich bückte, fand er einen blanken Taler, den er freudig in seine Tasche steckte.

Beim zweiten Hieb machte es wieder „klirr". Und wieder fand er einen blanken Taler. Immerzu machte es „klirr", „klirr", „klirr". Und jedes Mal hob der Junge einen blanken Taler auf. Das Moosweiblein stand lächelnd dabei, und wenn der Junge es ansah, legte es den Zeigefinger an den Mund, um ihn zu erinnern, dass er schweigen müsse.

Inzwischen fing es an, dunkel zu werden, und die Mutter des Jungen machte sich allmählich Sorgen. So beschloss sie in den Wald zu gehen, um ihn zu suchen. Schließlich gelangte sie zur Mooshütte und sah dort ihr Kind bei der Arbeit im Gärtchen. Als nun der Junge seine Mutter erblickte, war alle Besonnenheit vergessen. Er griff in seine Tasche, holte eine Handvoll Taler heraus und sprach: „Schau Mutter, die vielen, vielen Taler!" Im selben Augenblick aber huschte das Moosweiblein davon. Der Junge hackte den Garten fertig, aber es machte nie mehr „klirr". Seine Taschen jedoch waren schon voller blanker Taler und so ging er mit seiner Mutter glücklich nach Hause.

Die Salzfee

Es war an einem heißen Tag im August. Der Herzog Julius von Braunschweig-Wolfenbüttel war morgens sehr früh von der Harzburg, wo er wohnte, losgeritten und hatte seine Bergwerke besucht. Nun befand er sich auf dem Rückweg nach Hause.

Doch der Weg aus den Bergen ins Tal war schmal und steinig. Nur langsam kam er auf seinem Pferd voran. Da der Besuch viel länger gedauert hatte, als es geplant war, machte dem Reiter und seinem Ross nun zusätzlich die glühend heiße Mittagshitze schwer zu schaffen.

Als der Herzog dann endlich den schattigen Schutz des grünen Walddaches erreicht hatte, überkam ihn die Müdigkeit und so legte er sich neben einem sanft rieselnden Quell unter einer Fichte nieder. Erschöpft lauschte er dem Gezwitscher der Vögel und dem leisen Geplätscher des Bergbaches. Ein leichter Tannenduft erfüllte die Luft. Es war, als wolle die Natur ihn behutsam in den Schlaf wiegen.

Da plötzlich stieg vom Grunde des Baches eine liebliche Elfengestalt hervor. Gewand und Schleier waren weißer als Schnee und funkelten in allerlei Farben in der Sonne, als seien sie aus tausend und abertausend Kristallen gefertigt. „Bis zu den Elfen und Berggeistern ist die Kunde von deinem unermüdlichen Bemühen für dein Land gedrungen. Dafür sollst du nun belohnt werden! Ich bin die Salzfee. An dieser Stelle will ich aus der Tiefe des Berges einen Quell sprudeln lassen, der deinem Lande Segen und Reichtum bringen wird. Aus ihm kannst du das kostbare Salz gewinnen und sein Wasser wird die Kranken und Gebrechlichen heilen." So sprach die Fee zu ihm und verschwand.

Kaum war der Herzog auf seine Burg zurückgekehrt, schickte er mutige Männer aus, die an jener Stelle, wo er sich ausgeruht hatte, tatsächlich einen Salzquell freilegten. Dieser brachte dem Land, wie von der Fee versprochen, jahrhundertelang Wohlstand und Reichtum.

Die Baumannshöhle

In der ersten Hälfte des sechzehnten Jahrhunderts war es, dass irgendwo im Rübeland ein Bergmann namens Baumann verborgen hinter Tannengestrüpp eine Vertiefung im Berg entdeckte. Diese diente wohl als Zugang zu einem größeren Hohlraum. Baumann entschloss sich, den Hohlraum zu erkunden, denn er hoffte, dort wertvolle Erze zu finden. Als er mit seiner Grubenlampe in den Hohlraum einstieg, staunte er nicht schlecht, denn plötzlich befand er sich mitten in einer wunderschönen Tropfsteinhöhle von ungeheurem Ausmaß. Tropfsteine von solcher Größe und Schönheit hatte er in seinem ganzen Leben noch nicht gesehen. Über zahlreiche kleine Gänge gelangte er in immer neue Hohlräume mit prächtigen Tropfsteingebilden. Erze hatte er allerdings keine finden können. So beschloss er, sich auf den Rückweg zu machen. Aber es war zu spät, er hatte völlig die Orientierung verloren. Zu seinem Pech erlosch auch noch sein Grubenlicht. So irrte er in völliger Dunkelheit viele Tage durch das Höhlenlabyrinth, bis er eines Tages einen Lichtschein erblickte. Dem Licht folgend, fand er endlich nach acht Tagen den Weg ins Freie.

Freunde, die Baumann seit Tagen suchten, fanden ihn verwirrt und völlig erschöpft vor dem Höhlenausgang. Am anderen Tag erzählte er seinen Freunden, was er in der Höhle gesehen hatte. Drei Tage, nachdem man ihn gefunden hatte, fiel er in einen tiefen Schlaf, aus dem er nie wieder erwachen sollte. Die Höhle aber trägt bis zum heutigen Tag ihm zu Ehren den Namen „Baumannshöhle".

Die schöne Gefangene auf Burg Regenstein

Vor langer Zeit, als die Felsenburg Regenstein noch bewohnt war, verliebte sich einer der Regensteiner Herren in ein edles Fräulein von der benachbarten Heimburg. Deshalb hielt er um ihre Hand an. Das Fräulein hatte sich aber bereits einem Edelmann aus dem Harzer Lande versprochen und wies den Regensteiner ab. Also raubte er sie und brachte sie mit Gewalt auf seine Burg. Da sie aber noch immer nicht einwilligte seine Frau zu werden ließ er sie in ein dunkles Verlies werfen. Sie sollte so lange eingesperrt bleiben, bis sie der Heirat mit den Regensteiner Burgherren zustimme. Kein Lichtstrahl und auch kein Laut drang von außen in ihr Gefängnis. Aber wenn sie ihr Ohr an die äußere Felsenwand legte, hörte sie das Klatschen des Regens und das Heulen des Windes. Also, so dachte sie, kann die Mauer nicht sehr dick sein. Der einzige harte Gegenstand, den sie bei sich hatte, war der Treuering ihres Liebsten. Mit der Macht der Verzweiflung und der Kraft ihres Willens schaffte sie das Unmögliche. Mit ihrem Ring schabte sie Tag für Tag an dem Fels, bis sie ihn endlich durchbohrt hatte. Nun setzte sie alles daran, den Spalt zu vergrößern, bis sie sich hindurchzwängen konnte. Mit letzter Kraft kletterte sie dann die steile Felswand herunter. Unten angekommen machte sie sich sogleich auf den Weg zur Heimburg. Ach war die Freude groß, als sie zu Hause ankam! Nachdem das Fräulein berichtet hatte, was ihr widerfahren war, beschlossen ihre Brüder den Regensteiner für diese Untat zu bestrafen. Alle Ritter und jeder Mann, der eine Waffe tragen konnte, waren aufgefordert sich kampfbereit einzufinden. Am nächsten Morgen, noch vor Sonnenaufgang, zogen sie vor die Felsenburg Regenstein. Da die Burg aber nicht zu erstürmen war, ersannen sie eine List. Ein paar Ritter rasierten sich die Bärte ab, zogen Frauenkleider an und fuhren mit einem Ochsenkarren voller Lebensmittel vor das Tor. Die List gelang. Die Wächter öffneten das Tor und die als Frauen verkleideten Ritter überwältigten die Torwache, sodass die Waffengefährten in die Festung eindringen und die Festung besetzen konnten. Der Regensteiner aber entkam und wurde nie mehr gesehen.

Frau Holle und die Flachsdieße

In Clausthal lebten einst zwei Schwestern. Vater und Mutter waren vor Jahren gestorben und so mussten sie selbst ihren Unterhalt verdienen und am Spinnrad Flachs zu Garn spinnen. Die eine der Schwestern war faul, schlief lange und schwatzte viel. Deshalb nannte man sie die faule Liese. Die andere aber war sehr fleißig und geschickt, stand bei Zeiten auf und kümmerte sich auch um den Haushalt und das Essen. Deshalb wurde sie die fleißige Liese genannt. Eines Tages trug sich dann Folgendes zu: Es war am Abend des Samstags vor dem Osterfeste. Die Mädchen hatte ihre Arbeit am Spinnrad noch nicht geschafft, als es bereits dunkel wurde und die Osterfeuer auf den Berggipfeln angezündet wurden. Noch immer war Flachs auf der Dieße, einem Teil des Spinnrades, das auch als Spindel bekannt ist. Aber die faule Liese hatte keine Lust mehr und hörte einfach auf, um sich draußen die Osterfeuer anzusehen. Die fleißige Liese hingegen saß weiter am Spinnrad und spann, denn sie wollte die Dieße vor dem Feste gern leer haben.

Gerade schlug die Uhr elf, als plötzlich die Tür aufging und eine schöne Frau mit langen, goldgelben Haaren in einem weißen, seidenen Kleid eintrat. In ihrer Hand hielt sie eine Flachsdieße. Mit freundlicher Stimme begrüßte sie das gute Mädchen, das eben seinen letzten Flachs als Faden auf die Rolle laufen ließ. Die Frau befühlte das Garn und sprach:

> „Fleißige Liese,
> Leer ist die Dieße,
> Fein ist der Faden,
> Bist wohl beraten.“

Dann berührte die Fremde das Spinnrad mit ihrer goldene Dieße, lächelte freundlich und verschwand. Die fleißige Liese ging kurz darauf zu Bett.

Als die beiden Mädchen am Ostermorgen aufstanden, stand statt des hölzernen Spinnrades plötzlich ein goldenes für die fleißige Liese da. Auch das Garn, das sie gesponnen hatte, war fein wie Seide, und als sie den Faden von der Spule abwickelte, blieb die Spule immer voll. Die faule Liese aber hatte statt Flachs nur noch Stroh auf ihrer Dieße und das Leinen, das in ihrer Truhe lag, war in lauter kleine Schnipsel zerfallen.

Die wilde Jagd

In Sankt Andreasberg wohnte einst ein wilder Jägersmann. Tag für Tag ritt er mit seinen Knechten auf die Jagd. Überall in den Wäldern vernahm man das Schallen der Jagdhörner und das Gekläffe der Hunde.

An einem Sonntag, als es schon anfing dunkel zu werden, geschah es, dass die Jagdhunde ein weißes Reh aufspürten. Es war ein wunderschönes Tier, dessen Fell im Lichte der untergehenden Sonne silberfarben glänzte. Plötzlich ertönte ein Jagdhorn und die Hetze auf das weiße Reh begann.

Über Stock und Stein rannte das arme Tier, den wilden Jägersmann mit seinen Knechten und Hunden immer hinter sich. Näher und näher kamen sie dem weißen Reh. Mit letzter Kraft flüchtete es auf die Klippen bei Sankt Andreasberg. Weiter konnte es nicht, denn ein tiefer Abgrund tat sich auf. Schon waren die Hunde hinter ihm. Da wagte es in seiner Todesangst den Sprung in den Abgrund. Und tatsächlich! Als ob es von Engeln getragen würde, kam das weiße Reh völlig unverletzt unten im Tale an. Die Verfolger stürmten in wilder Jagd ebenfalls auf die Klippen zu, konnten oder wollten aber nicht stoppen. Als sie den Abgrund erblickten, war es bereits zu spät. Mit einem furchtbaren Geschrei stürzte die Jägerschar in die Tiefe, wo man später Männer, Rosse und Hunde zerschmettert am Boden fand.

Aber immer, wenn die Uhr Mitternacht schlägt, reitet der wilde Jägersmann mit seinem Gefolge erneut über die Klippen bei Sankt Andreasberg, die wegen der Hetzjagd auf das weiße Reh heute Rehberger Klippen genannt werden.

Der Wolfsbrunnen

In der Nähe des Dorfes Elend gab es einen Brunnen. Sein Wasser war klar wie ein Spiegel und man erzählte sich, dass alle Menschen, die von dem Wasser trinken, froh und glücklich würden. So kamen oft Wanderer und natürlich die Menschen aus dem Dorf, um Wasser zu schöpfen.

In dem Dorf lebte ein Mädchen, dessen Mutter früh gestorben war. Und so führte sie für den Vater den Haushalt und kümmerte sich um die jüngeren Geschwister.

Eines Tages im Frühsommer, als die Dorfbewohner auf den Wiesen waren, um das erste Gras zu mähen, nahm das Mädchen zwei Eimer und ging zu dem Brunnen. Wie es aber ankam, sah sie eine graue Wölfin, die hatte sieben Junge und alle drängten sich um sie und wollten etwas zu trinken haben. Aber die Wölfin schien völlig erschöpft zu sein, denn die Zunge hing ihr aus dem Maul und manchmal stöhnte sie auf. Dann zitterten die Jungen und drängten sich noch näher an ihre Mutter. Aber sie konnte ihnen keine Milch geben.

Als das Mädchen die Wölfin am Brunnen liegen sah, ließ sie vor Schreck die Eimer fallen. Dann aber nahm sie all ihren Mut zusammen, nahm die Eimer und ging langsam zum Brunnen. Zuerst knurrte die Wölfin etwas, aber je näher das Mädchen kam, umso ruhiger wurde sie und ließ sich sogar das Fell kraulen. „Ich will dir zu trinken geben und dich stärken", sagte das Mädchen und holte einen Eimer Wasser aus dem Brunnen. Die Wölfin erhob sich und trank den Eimer mit einem Mal aus. Dann legte sie sich in den Schatten einer Linde und nun konnten auch die Jungen trinken, denn sie hatte wieder genug Milch für alle.

Im Winter darauf, als alles mit Schnee bedeckt war, geschah es, dass das Mädchen in den Wald ging, um Holz zu sammeln. Dabei verirrte es sich. Stundenlang lief das Kind durch den Wald, konnte aber nicht mehr herausfinden. Aber gerade als das Mädchen alle Hoffnung verloren hatte, den richtigen Weg nach Hause zu finden, kam plötzlich eine graue Wölfin und führte sie aus den Wald.

Plötzlich sagte Hübich: „Kinder, wir haben ja ganz vergessen, wie spät es schon ist! In einem Haus mit Fenstern merkt man, wie schnell die Sonne von Osten nach Westen wandert, bevor der Tag vorbei ist. In einer Höhle ohne Sonnenschein kann man aber das Zeitgefühl verlieren. Es ist sehr schade, aber ihr müsst jetzt nach Hause. Doch weil ich mich so über den Besuch gefreut habe, will ich euch zum Abschied etwas schenken." Der Zwergenkönig ging in eine dunkle Ecke der Höhle, kramte eine Weile darin herum und kam dann mit einem Holzkästchen zurück, das mit Schnitzereien verziert war. Er stellte das Kästchen auf den Tisch und öffnete es. Da staunten Faya, Welo und

die anderen Hexen- und Zwergenkinder nicht schlecht. In dem Kästchen waren lauter Edelsteine, die in vielen Farben glitzerten und funkelten, so dass einem die Augen davon übergehen konnten. Aus diesem Kästchen durfte sich jedes Kind drei Edelsteine herausnehmen. Die schenkte der Zwergenkönig Hübich den Kindern. Dann ging er mit ihnen zum Höhlenausgang. Hier bedankten sich alle noch einmal bei ihm für die Gastfreundschaft, für die schönen Geschichten aus dem Harz und die wunderbaren Edelsteine. Sie versprachen, bald wiederzukommen, umarmten den Zwergenkönig zum Abschied herzlich und schon wanderten die Hexen- und Zwergenkinder über Wiesen und durch Wälder nach Hause.

Der Luchs hatte im Gebüsch neben der Höhle ein Schlummerchen gemacht. Aber als die Kinder und Hübich aus der Höhle kamen, war er sofort hellwach, denn Luchse hören nicht nur, wenn eine Maus nagt, sondern auch wenn ein Sandkorn unter der Schuhsohle knirscht. Er blieb Faya und Welo unbemerkt auf der Spur, bis sie wieder gut bei ihren Eltern angekommen waren.

Jetzt ist das Buch zu Ende. Aber ich verrate dir noch was: Die Hexenkinder Faya und Welo begeben sich bald wieder auf die Reise, um Freunde zu besuchen. Wohin es geht und ob sie dann nicht zu Fuß, sondern wie alle Hexen und Hexer auf ihrem Besen ans Ziel gelangen, erfährst du in unserem nächsten Sagen- und Geschichtenbuch.

– ENDE –

Danksagungen

Der Verlag bedankt sich besonders bei Sina Oelsner für ihre Ideen und Ratschläge und der Albert Niemann Ganztagsschule Erxleben (Parkstraße 5, 39343 Erxleben) für die Unterstützung bei den Illustrationen, vor allem bei:

Jasmin Sophie Görke und Lilly Marleen Baucke für "Das Zwergenvolk…" (S. 21)

Laura Janina Zander für "Die Salzfee" (S. 25)

Tanja Pitschmann für "Frau Holle…" (S. 31)

Amy Lange und Nina Neubauer für "Der Wolfsbrunnen" (S. 35)

Für die Umschlagillustration sowie alle weiteren Illustrationen danken wir Annette Ackermann.

Großer Dank auch dem Nationalpark-Besucherzentrum TorfHaus (Torfhaus 8, 38667 Torfhaus) und der Harzdruckerei GmbH in Wernigerode.

Im Handel auch erhältlich: »Faya & Welo im Land der Lutkis«